シリーズ・女の幸せを求めて
生長の家『白鳩』体験手記選④

愛の試練をこえて

日本教文社編

日本教文社

目次

装幀　松下晴美

編者はしがき

この「シリーズ・女の幸せを求めて　生長の家『白鳩』体験手記選」は、生長の家にふれて、幸せを得た女性の体験を紹介する、小社刊行の『白鳩』誌の「体験手記」をテーマ別に精選編纂したものです。本書中の年齢・職業・役職等は同誌に掲載された当時のもので、手記の初出年月はそれぞれの末尾に明記してあります。

シリーズ第四巻の本書は、夫婦間の様々な愛の試練を克服して、明るく幸せな家庭を実現していった女性の手記を紹介します。夫との問題を通して、愛を表現することの大切さ、親への感謝などに目覚めたとき、夫婦が調和し、家庭に健康と繁栄がもたらされていった感動の物語です。本書が読者の一層の幸福生活のための一助となることを願って止みません。

日本教文社第二編集部

一冊の本との出会いが私を変えた　そして、子どもも…

沖縄県那覇市　伊志嶺成子《いしみねしげこ》（52歳）

子どものことから夫婦ゲンカに

ガチャーン。

白い洋皿が悲鳴のような音を立てて割れ、砕《くだ》け散りました。子どもたちは、寝静まっています。

「もう、がまんできない。こんどこそ離婚してやる！」

私は長年の恨《うら》みを晴らすように、次々と皿や茶碗を安い物から取り出しては勝手口のコンクリートの土間に叩《たた》きつけて割りました。

……あれは昭和五十七年、次男・和宏が幼稚園の年長組の夏休みのことでした。夏の夕暮れ時、存分に遊んだあとの充実した笑顔を見せて、和宏が帰ってきました。

私はその日の朝、主人が「来年は和宏も小学校だ。〝あいうえお〟の勉強ぐらいさせておきなさい」と言い置いて出勤したことを思い出しました。「五十音の練習は、家ではやらせないでください。書き順を間違えて覚えるとそれを直すのが大変なのです。園で教えます」という幼稚園の先生の指導のことばと重なって、複雑な気持になりました。

「和坊、お父さんに言われた〝あいうえお〟の勉強しなかったね」

「うん」くったくなく和宏がうなずきました。

夜八時半、いつもより早く主人が帰宅し、「勉強はやったか？」。和宏に聞いています。

首を横に振る和宏。

「どうして、やらせておかないんだ！」

主人は恐ろしい形相《ぎょうそう》で私に怒鳴《どな》りました。

和宏は、いつの間に持ってきたのか、自分がいつも数字を練習しているノートを手にし、心配そうに私たちの顔を交互に見くらべながら、「和坊、今から勉強するね」と、茶の間のテーブルの上にそれを広げました。すると突然主人が、ものすごい勢いで、その

一冊の本との出会いが私を変えた。そして、子どもも…

「私の心が変わったとき、主人の本当の姿が顕れてきました」と伊志嶺さん。次男・和宏君と一緒に

ノートを払《はら》い除《の》けたのです。和宏は、恐怖のあまり泣くこともできずにいます。

私はたまらなくなって、ついに大きな声をあげました。

「子どもに八つ当たりするのはよしてよ！」

和宏は私たち夫婦が二十代で長女、長男に恵まれた後、長男の出産から十二年目にできた三番目の子どもです。私たち夫婦の宝です。

もともと主人は短気で怒りっぽく、外でなにかあると、必ず私に怒鳴り散らす人でした。それを私が黙ってこらえてきたからケンカにならずに済んでいたのです。何か二、三日前からイライラしていたのは知っていましたが、子どもに当たるなんて許せません。

私が皿を割る間、主人は居間で黙ったままでした。高台に建つわが家の窓の向こうには、涙でかすんだ那覇市の美しい夜景が輝いていました。いつもは心を慰めてくれる庭のブーゲンビリアの花も、涙を誘うばかりでした。

翌朝、主人が出勤すると、私は那覇・三越デパートの洋裁部に勤めていた独身時代からのことを思い出し、〝求婚してくれた人はたくさんいたのに、一番むつかしい人と結婚してしまった、自分はなんて不幸なんだろう〟と思いました。家を出て、どうしたら子どもを育てていけるか、そのメドさえつけば……と考え、悶々《もんもん》とし続けました。

一冊の本とめぐり会って

九月の半ば、和宏の左耳の後ろの毛が丸く抜けているのを見つけ、私は恐怖に似たショックを受けました。というのは、長女が脱毛症で長いこと悩んでいたからです。本土の病院にも通いましたが完全に治すことができず、カツラを被《かぶ》って学校に行っていました。私は、治らない長女の脱毛の原因は、精神的なもの、つまり、姑と私の確執《かくしつ》が原因しているのではないかと感じていました。その姑も和宏が一歳の時に亡くなりました。それなのに、和宏までが……。

私は、主人と私の不和が原因だと直感しました。いったい、どうしたらいいのか……。

ちょうどそんなとき、ご近所に住む友人の大城和子さんから電話がかかってきました。私がつらい胸の内を訴えると「『こどもを見つめて』(平岡初枝著、日本教文社刊)という本を読んだのよ。この本、今のあなたにいいんじゃないかしら」。きけば、移動図書館から借りた本だから貸せないが生長の家関係の本らしいと言います。

私は四十年来の生長の家の信徒である叔母のことを思い出しました。那覇市内に住む叔母は、高校生の頃から私が遊びに行くと生長の家の月刊誌『白鳩』をくれたものです。私は読むと、優しい気持になる『白鳩』誌が好きでした。

その翌朝、さっそく叔母に電話をしました。叔母は大喜びで、二時間後にはもう買ってきたから取りに来いとのことです。私は「二、三日のうちにね」と言って電話を切りました。ほどなく、再び電話。叔母の家を訪ねた実家の母からです。「いまから成子《しげこ》が頼んだ本をもっていくからね」

こうして、本は不思議な糸に手繰《たぐ》り寄せられたように、一日と待たずして、私の手にはいったのです。

懺悔と感謝の涙のうちに……

居間の籐椅子に腰掛けて、その本を読み始めると、涙がわきこぼれてきました。本には、人間は神の子で、本来、罪も病もなく、夫婦の心が調和した明るい家庭で子どもは伸び伸びと育つ、と書かれてありました。それまで、大きな声で怒鳴る主人が悪い、汚いことばでののしる主人は嫌いだと、主人を裁《さば》き、離婚すれば子どもの病気が治ると思っていた私……。読み進むうちに、私の心の持ち方が間違っていたことに気づいたのです。まるで著者の平岡初枝先生が「家庭の幸福のカギを握っているのは、あなたなのよ。しっかりしなさい！」と私を叱《しか》ってくださっているようでした。

主人の怒鳴り声の裏には、大きな愛情があったのです。「ごめんなさい、ごめんなさい……」私は、心の底からその場にはいない主人に詫《わ》び、泣き続けました。あふれるものを抑えきれず、受話器を取って、たった今心の中に巻き起こった思いを叔母に涙を流しながら打ち明けました。

神様は私の心が間違っていることを気づかせるために、長女や和宏の髪の毛を抜けさせたのね……私が悪かった、と。

生長の家の教えを行《ぎょう》じて「長女と和宏の脱毛を治してみせる」そう決意した私は、叔母の家から本を借りてきては、一心不乱に読みました。読んでは、聖経『甘露《かんろ》の法雨《ほうう》』(生長の家のお経)を読誦《どくじゅ》するなど、書いてあることを必死になって実行しました。

仏壇の前に正座していますと、しぜんとやるべきことが分かってきます。まず、主人を赤ちゃんのときから育ててくださった祖父母への感謝です。結婚して一度も思い出してもみなかったお詫びと、感謝の祈りを捧げました。それから、名前も知らない主人の父への感謝です。姑は未婚の母でした。

「本土で眠っておられるお父さん……、あなた様とお姑《かあ》さんが愛し合ったおかげで、私の夫であります清一がこの世に生を享《う》けました。ありがとうございます。いま、こうして社会人として、父として夫として頑張って生きております。ご安心ください」と私は話しかけるように祈り、心をこめて『甘露の法雨』を読みました。

生長の家の母親教室*にも出席しました。

私がお仏壇の前で聖経を読誦していると、和宏が側にきます。「和坊、お母さん、今お経よんだからね、これで頭が治るよ」「うん」和宏は瞳を輝かせてこっくりします。

夫と子どもがホンモノを顕《あらわ》す

夢中で毎日を過ごすうちに、和宏は小学校に上がりました。もちろん、和宏の頭の円形脱毛症は、二年生に進級するときには、完全に治っていました。

いま振り返ってみると、私は主人は怒鳴るイヤな人と決めてかかり、にこやかに出迎えることを忘れていたのかもしれません。無意識のうちに、こわばった怯《おび》えたような態度で接していたのでしょう。相手は自分の心を映《うつ》す鏡です。「ああ、わたしが悪かった」と私の心が柔らかくほぐれたとき、主人は怒鳴らなくなりました。私の心が変わったとき、主人の本当の姿が顕れてきたのです。

私が生長の家の教えにふれて間もなく、主人はそれまで自動車のセールスの仕事からある商社に乞《こ》われて移り、またそこからさらに総合商社に移籍し、現在その商社の沖縄支店長を務めています。長女も良き伴侶に恵まれ、カツラを被っていたことなどウソのように、いまでは幸福な二児の母になりました。

きっと主人も、口には出さないけれど、何者かに護《まも》られ、導かれていることを身をもって感じてくれていると思います。

今年（平成二年）の二月二十五日の日曜日は、六年生になった和宏の剣道の昇級試験がありました。午後五時、車の音がしたので、家で待っていた私は表に駆《か》けて出ました。

「どうだった？」

「いやー、今回はダメだったよ。なあ、和宏」

主人が後ろから歩いてくる和宏の方を振り返って言います。和宏は剣道の面で顔を隠しています。その面の裏で和宏はこらえきれずに、クスクス笑っています。私は（これは合格したんだな）、と思いました。

和宏が小学生で取れる最高位の一級の合格証を私たちの前に高く掲《かか》げました。

「あハハハ……」

三人は一斉《いっせい》に笑い声をあげました。神の光が私たち一家を包み、祝福していました。


（平成二年六月号　撮影／砂守かつみ）

＊母親教室＝生長の家の女性のための組織である、生長の家白鳩会が主催する母親のための勉強会。お問い合わせは、最寄りの生長の家教化部まで。巻末の「生長の家教化部一覧」を参照。

〝魂の半身〟である夫への感謝にめざめて、いま…

兵庫県尼崎市　並河《なびか》直子《なおこ》（40歳）

優しい主人に……

私は島根県の隠岐諸島の出身で、父は漁業にたずさわっていました。四人きょうだいの末っ子だった私は、助産婦をしていた母方の祖母が、島民から信頼されていたのを見聞きし、自分も将来は看護婦になって人のお役に立ちたいと、夢をふくらませて育ちました。

昭和五十四年に米子市の看護学校を卒業すると、大阪の公立病院に就職しました。

一年後に、同じ高校の後輩で一つ年下の主人が大阪に就職し、交際が始まりました。五十八年二月に結婚。高校時代に特別、交際していたわけでもありませんから、知らぬ土地で、同郷のよしみから会っているうちに、お互いに心が結びついて行ったのだと思います。

私は結婚後も看護婦の仕事を続けました。そして、五十九年には長女を授かりました。主人は優しい、もの静かな人で、家事も手伝ってくれましたので、私はフルタイムで働きました。夜勤があるときは、仮眠時間が二、三時間。それも本当に仮眠できることは、ほとんどありません。くたくたに疲れて帰ってくる状態ですから、主人に対しても、妻としての優しさに欠けていました。〝私は働いているのだから〟という傲《おご》りの気持が、知らないうちに心の何処《どこ》かに生じていたのだと思います。

主人が家事の手伝いをするのは、共稼ぎだから当り前と思い、次第に感謝の気持も薄れてしまって、家庭の実権を私が握るようになったのです。気がついてみると、夫と妻の立場は逆転し、家の大事な事を決めるのは私で、決めた後から主人に報告するような状態になっていました。

主人は、〝年下で後輩〟という意識を引きずって耐えていたのかもしれません。一方、私には〝主人の先輩〟という意識があったと思います。思い上がっていた私に、思わぬ反動がきたのは当然だったかもしれません。

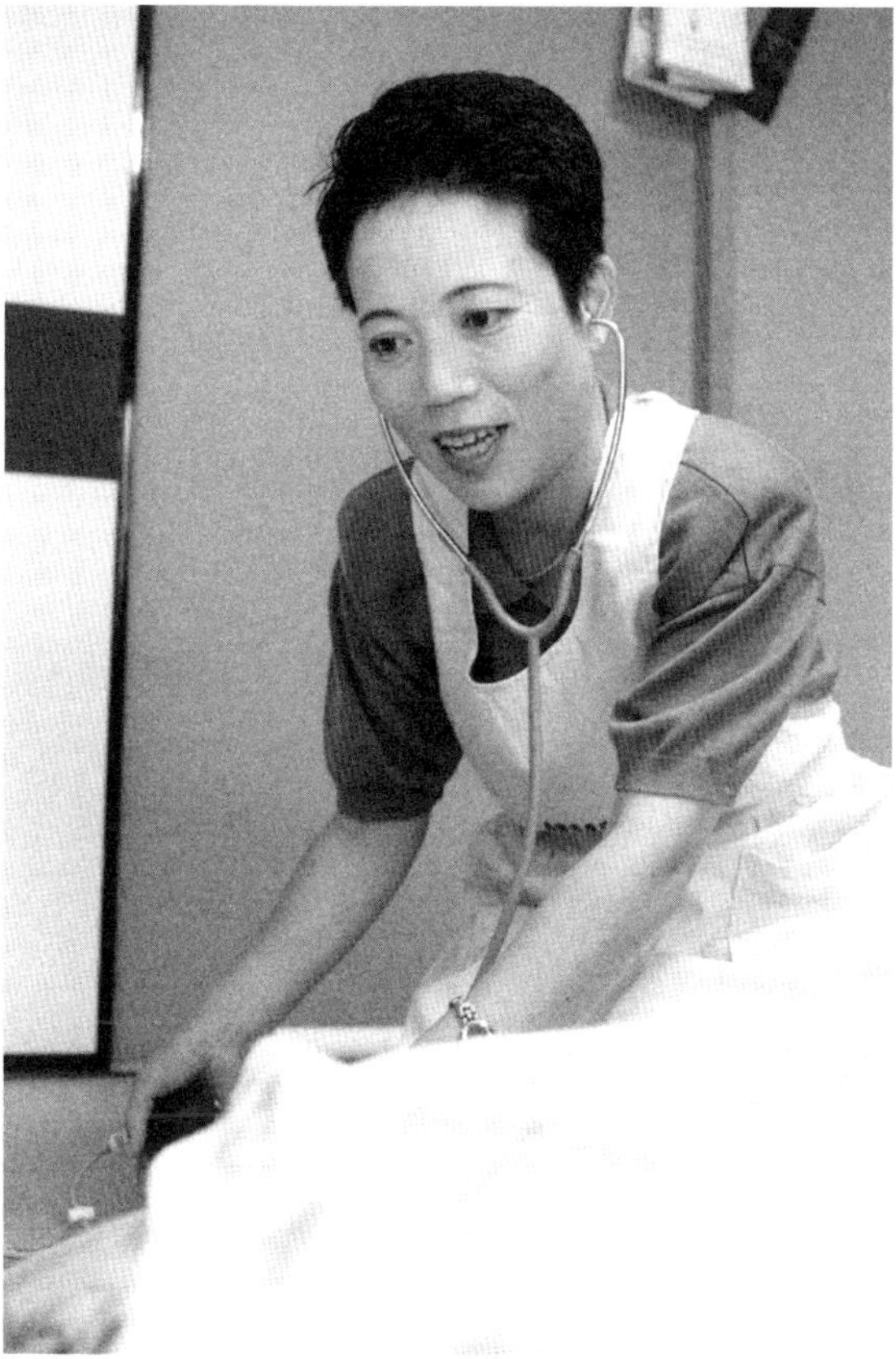

訪問看護の仕事に携わっている並河さん。「私の仕事に深い理解を示して支えてくれる、主人と子どもに感謝しています」

夫婦の絆がぐらつく

結婚して十年目頃のことです。主人の帰宅が遅くなり、ときには外泊するようになりました。私はイライラが昂《こう》じて気分が塞《ふさ》ぎ、日ごとに表情が曇《くも》って行くのが自分でもわかりました。主人が帰ってきても笑顔で迎える余裕はありません。文句ばかり言っていました。きつい顔付きをしていたことでしょう。主人にとっては耐え難かったことと思います。それでも、何も反論しないで黙っていました。

主人と私との間には冷たいすき間風が吹き、家の中の空気も、暗くよどんでいきました。

その頃、小学四年生だった長女の担任が家庭訪問に来て、「近頃、子どもさんの様子がおかしいですね。何か家庭であったのですか？」と訊《き》かれたのです。私は鋭い刃物で心臓をえぐられたようなショックを受けました。長女は敏感に家庭の空気を感じ取って、幼い心を痛めていたのです。〝ごめんなさい。早くもとの明るい家庭に戻さなければ！〟

――焦りにも似た気持が私を衝《つ》き動かしました。

頼れるのは、近くに住む実姉でした。私の悩みを汲み取ってくれた実姉は、友人の山口知与子さんを紹介してくれたのです。偶然にも、長女の同級生のお母さんでした。奇遇《きぐう》というより、私にとっては神様の導きであったように思います。山口さんは熱心な生長の家の信徒で、自宅で母親教室を開いていました。

何でも相談できるような安心感があって、私は山口さんに愚痴《ぐち》を聞いてもらいました。どんなときも、山口さんは笑顔で、とがめることなく耳を傾けて、「ご主人に素直に〝ハイ〟と返事をして下さい」と教えてくれました。主人に対して頑《かたくな》な心をときほぐし、素直になることが一番大切、ということでした。

頭では理解できても、いざとなると、なかなか実行できなくて困っていましたら、「いいのよ、腹が立つときは怒りなさい。でもね、その後から謝《あやま》るといいのですよ」と、山口さんはわかりやすく指導してくれました。何の抵抗もなく心を傾けて聞くことができ、不思議に心が平静になりました。

山口さんに勧《すす》められるままに、母親教室にも参加しました。皆さんが明るくあたたかく迎えてくれました。若いお母さんたちが、育児のこと、夫婦のことなどを真剣に考えて前向きに勉強している姿に共感するものがあり、回を重ねるごとに、月一度の母親教室が楽しみに、待ち遠しくなりました。

生長の家には『生命《せいめい》の實相《じっそう》』（生長の家創始者・谷口雅春著、全四十巻、日本教文社刊）という聖典があることを知り、故藤原敏之講師の『魂のめぐり逢い』（日本教文社刊、現在品切れ）と併《あわ》せて求め、読み始めました。魂の底から救われたいと、切なる願いを持っていましたから……。干天《かんてん》に慈雨《じう》が降り注ぐように、生長の家の本は、私を救ってくれました。

夫婦は一つの魂

人間は神の子で、実相（神が創られたままの本当の相《すがた》）は完全円満である、夫婦はお互いの魂の半身が結ばれて一つになった、家庭の中心は夫である、環境も境遇も心の影、ということなどを教えられました。

私の家では逆転していました。夫婦はプラス・マイナス、陰陽のバランスで成り立っているのに、それを崩《くず》していたのが私でした。主人を責めるばかりで、自分を反省することを忘れていたのです。全ては私の〝心の影〟であったのだと気がつき、主人に「ごめんなさい」と素直に謝る気持になれました。

〝まず、私が明るい表情で家庭の中で輝こう〟

そう心に誓い実行しているうち、少しずつ私は変わっていきました。すると、長女がごく自然に生長の家に惹《ひ》かれていき、自分から青少年練成会《れんせいかい》（合宿して生長の家の教えを学び、実践するつどい）に参加すると言い出しました。主人も快《こころよ》く承諾してくれ、長女は参加。練成会から帰ってくると、長女は妹と「笑いの練習」を始めました。練成会で教わってきた復習です。「お姉ちゃんが一番上手ね」と誉め合う仲の良い光景に、私の心も和《なご》みました。わが家にも春が戻ってきたようで、キューンと胸が熱くなるのでした。親子ともども生長の家にふれさせていただいた幸せに、思わず手を合わせていました。

以来、私はますます生長の家が大好きになり、主人や子どもに対して、やさしい笑顔の「和顔」と、思いやりある言葉をかける「愛語」と、認めて誉める「讃嘆」を心がけました。特に、主人には「ハイ」と素直に返事ができるようになり、素直に「ニコ」と笑い、頼まれた用事も「ポン」と引き受けています。

主人の方にも変化が現れてきました。もともと優しい人ですから、子どもたちが放課後、お世話になっている「児童ホーム」のイベント行事があるときには、自分からバーベキューの担当をかって出て、一所懸命お世話をしています。また、子どもたちの運動会にも参加して、熱心に声援を送っています。

思いがけずマンションの購入も決まり、十二月には入居予定です。私の心が変わるだけで、暗いと見えた環境は、こんなにも変わったのです。一番喜んでくれたのは、一緒に悩み考えてくれた実姉でした。実姉は二年前に生長の家聖使命会*に入会してくれました。いまでは一緒に生長の家の話ができることが、嬉《うれ》しいことの一つです。

三年前から、私は白衣を脱ぎ、私服の看護婦として、在宅の寝たきり老人の訪問看護にたずさわっています。近くに実の娘さんがいながら、八十八歳の夫が八十四歳の妻の介護と家事をしているケースや、床ずれができて手は汚れ放題の九十二歳のおばあさんなど……。看護させていただくと、泣いて拝まれます。この仕事の重みを感じます。

愛の不足している厳しい状態の家庭を見るにつけても、優しい愛の言葉で、患者さんと介護者を励まし続けていくのが私の使命のような気がします。私の仕事に深い理解を示して支えてくれる、主人と子どもに感謝の気持を忘れずに頑張りたいと思います。

（平成十年十二月号　撮影／中橋博文）

＊生長の家聖使命会＝生長の家の運動に賛同して、月々一定額の献資をする人々の集まり。

ケンカばかりした夫に「ハイ」ができた時

兵庫県姫路市　関《せき》 康子《やすこ》（33歳）

何かというと口論をした。夫の言うことを聞こうとしなかったから衝突するばかりだった。夫に「ハイ」をしなさいと、生長の家の「母親教室」で教えられたが、夫に「ハイ」と言うことは、夫に服従するものだと反発した。とは言え、何とか夫婦関係を修復したいと願う気持ちがあり、悶々《もんもん》とした日々を過ごした。やがて、自分に足らないものは「感謝」だったと気がついた。そのとき、夫に素直に「ハイ」と言えた。素直になれた自分が今は嬉しい。

私は兄と姉の三人きょうだい。会社勤めの父は温和で、母もいつも笑顔を忘れない人です。そんな環境で育ったので私も明るく、先頭に立って頑張る活発な女の子でした。クラスの誰からも好かれました。

中学ではバレー部に入りました。一所懸命に練習をしたので上達し、周囲からも期待されて、バレーボールの強い高校に進学しました。ところが高校のバレー部には私よりも優秀な人がいっぱいいて自信を失い、二年で退部しました。挫折感で、勉強をする気がなくなり、雨が降ったりすると、学校を休んだり、昼から登校したりしました。

それでも人並みに、アルバイトをしました。むしろ解放感があって学校へ行くよりも好きでした。高校三年の時、バイトをしていたハンバーガーの店で、客としてきた彼と知り合い交際が始まりました。、アルバイトをしながらミュージシャンを目指していた三歳年上の彼のことがとても大人に見え、彼と過ごす時間は楽しいものとなりました。

彼との結婚

彼は小学一年の時に両親が離婚して、弟と二人で父親の元に引き取られました。でもお父さんは定職がなかったので、生活に追われ、各地を転々とし、一日の食事は給食だけという日も少なくなかったそうです。

私は、そんな境遇にもめげずに前向きに生きてきた彼に心が惹《ひ》かれ、私にはない根性に尊敬の気持ちを持ちました。

私は高校を卒業すると、大手のスーパーマーケットに就職しました。配置された婦人服売場の仕事は少しも面白くなく、たった一年で退社しました。それからは喫茶店、会社の事務員、美容師の見習いと転々とアルバイト感覚で職を替えました。両親からは特に意見も言われませんでしたが、早く落ちついてほしいと見守ってくれているのが分かりました。

そして美容師の見習いをしているときに、長男の妊娠が分かったのです。私は素直にうれしいと思いましたし、彼も迷わず「結婚しよう」と言ってくれました。両親には心配をかけましたが、見習いをしていた美容院を辞め、私は二十一歳の花嫁となりました。平成二年五月です。

ところが、結婚早々から落ち込んでしまいました。結婚前は「ヤッちゃん！」と呼んでくれた彼が、結婚直後いきなり「ヤスコ」と呼ぶようになったのです。たかが名前くらいでと、気にしないようにしましたが、気持ちは複雑でした。

結婚直前のある日、彼から「教育せなあかんな」と宣告されたことが心に引っかかっ

出勤するご主人のうしろ姿に手を合わせて感謝している

ていました。私は一気に気持ちが冷めてしまいました。男らしい人だと思っていたのに、結婚したら横暴な人という感じになったのです。

それからの二人は、食事をしては喧嘩《けんか》、テレビを見ては口論《こうろん》という状態でした。暴力こそありませんでしたが、喧嘩を繰《く》り返《かえ》す私と主人の心の距離は遠くなるばかりでした。

そんなことを知ってか知らずか、近くに住んでいる私の母が、近所で開かれている「生長の家母親教室」に行くように勧めてくれました。母は生長の家を母の姉から伝えられていたのでした。

私は軽い気持ちで平成四年一月に初めて母親教室に参加しました。私にはテキストを輪読したり、聖歌を合唱することには抵抗感がありました。

ただその母親教室を開いている池内智恵子講師と出会えたのは幸せでした。池内講師の「会場に行くだけでも幸せになれるよ」という言葉に魅力を感じ、誘われるままに生長の家白鳩会の教区大会に参加しました。それをきっかけに母親教室へも続けて行くようになりました。

母親教室では「ご主人を立てていますか？　ご主人には何でも素直にハイをしたら幸

せになれますよ」「自分が変われば相手が変わるのですよ」と教えてくれました。その時は理解できたつもりで、「よし今日からさっそく実行！」と決意して帰るのですが、主人の顔を見ると出来ません。

そんなことを繰り返しながらも母親教室に通い始めて二年目に、リーダーを拝命しました。自分の家庭を修復できないのに、母親教室のリーダーとなることには心の負担を感じました。生長の家の教えが心の支えになりつつあるのに、現実はついていっていないもどかしさを感じていました。

離婚の危機

私たち夫婦は二人の子供を授かっていましたが平成七年、長男が五歳、長女が二歳の時でした。私は夫婦不仲のストレスに耐えきれず、主人に隠れてタバコを吸っていたのですが、それが見つかってしまったのです。主人は私がタバコをやめるまで家には入れないと激怒し、私は二人の子供を連れて実家へ戻りました。

そんな中でも、主人は子供に会うためにだけ私の実家に毎日来ていました。私の両親とは挨拶程度の言葉を交わしますが、私たちは目も合わせませんでした。主人はひたすら私がタバコをやめるのを待っていたようです。とはいえ、「やめろ」「やめろ」と言われるとかえってやめられるものではなく、ますます吸ってしまうばかりでした。

こうした状況のまま一ヵ月が過ぎた頃、主人と私の父が大ゲンカになってしまい、私と主人はついに「離婚するほかない」という状況に追い詰められました。そして長男は主人が、長女は小さいので私が引き取るところまで話が進んでしまいました。私は長男と別れてしまうかもしれないと思うと絶望で全身の力が抜けていきました。そして、心の中で「神さま助けて！」と悲鳴を上げていました。

その夜、母から連絡を受けた私の兄が大阪から駆《か》けつけてくれました。そして何とか私と主人の話し合いの場を設けてくれたのです。その結果、主人も私も「できることなら別れたくない」という意見でまとまりました。

私は子供を手放したくないという思いでいっぱいでした。おそらく主人も同じ気持ちだったのでしょう。二人の意見はまとまりましたが、私は「タバコをやめることは難しい」と主人に打ち明けました。

主人はしばらく考えていましたが、「やめる努力があればいい」と言ってくれたのです。

私は「ああ、主人はやっと気に入らない私でも受け入れてくれた」と思った瞬間からタバコを吸いたいと思わなくなり、それきりやめることができました。

一ヵ月ぶりの我が家は、やはりほっとできる場所でした。私のかたわらで無邪気に遊んでいる長男の姿を何気なく眺《なが》めている時、急に「今こうして、この子が遊んでいる姿を見ていられるだけでいい。もうこれだけで私は幸せだ」という思いがこみ上げてきたのです。ありがたくて、ありがたくて涙が止まりませんでした。

この時、初めて「ああ、私は感謝が足りなかった。悪いのは主人ではなく私の方だった。主人に申し訳なかった」と詫《わ》びる気持ちになりました。そしてこれからは「命がけで主人にハイをしよう」と心に誓いました。

このときから私は本当に変わることができました。母親教室で「自分が変われば、環境も変わる」と教えられた通り、それからのわが家からは、息の詰《つ》まるような雰囲気《ふんいき》はなくなり、見る見る明るい家庭になっていきました。

そしてこの時から、生長の家に対する私の信仰は、以前よりずっと深いものになっていったのでした。

感謝の練習

主人とはこうして仲直りできましたが、私の中には、まだ「我《が》」がうごめいて、素直でなくなることがありました。そんな時、私は相手を責めずに、「母親教室」で教わった通りに、「空気が吸える」とか「ご飯が食べられる」とか、とにかく何でも感謝をする練習をしました。その上、「私の主人のなさる業《わざ》は神様のなさる業です。主人の言う事は間違いありません」と繰り返し繰り返し自分に言い聞かせて、主人を信じる練習をしました。

そうすると、悲しくなったり、腹が立つことが少なくなっていくのです。以前の私は「主人にハイ」をすることは、主人に服従するようで抵抗感がありましたが、今では「主人にハイ」ができる自分を、魂が成長した証だと思えるようになりました。

夫婦の調和がとれるようになると、私の性格も、子供の頃のように明るく活発になりました。何より表情がいきいきと輝いてきたのが実感できます。平成九年には、次男が誕生しました。主人は自然が大好きで、休日は家族を自動車で案内してくれます。

家庭の平和が、主人の仕事の面にも生きてきて、タンクローリーの会社の三十人の部下を持つ班長に昇格しました。その上、長い間鼻炎で悩んでいたのが、すっかり良くなりました。夫婦の気持ちが通じたとき、主人の詰まっていた鼻がスーッと通ったと思います。

それでも、私が主人の心と一つになるための練習は、まだまだ続いています。

たとえば、主人は家で長男に空手の練習をさせているのですが、周りから見ると「少し厳しすぎるのでは」と心配されるような特訓です。以前の私であれば、目の前の現象と周りの人たちの言葉の方に耳を傾け、主人に口出ししていたところですが、今は違います。

「主人は神の子、完全円満。主人のなさる業は神のなさる業……」と繰り返し自分に言い聞かせます。そして「きっと善くなる」と、これも心の中で繰り返します。

父とのトレーニングのおかげで長男は空手の県大会で優勝できました。小学校のマラソン大会でも五年生、六年生と二年連続で一位になりました。子供にとって何にも代え難い自信となったことでしょう。それが主人の目的でもありました。

現在、義父は入院中ですので、私たちはよくお見舞いに行きます。そして、生長の家のお経である『甘露の法雨』を読誦します。誦《あ》げ終えてから、静かにお義父《とう》さんに語りかけています。

「私は心から愛せる主人と、子供たちに恵まれて、とても感謝しています。お義父《とう》さんありがとう」と――。


（平成十五年四月号　撮影／中橋博文）

〝知〟はあっても〝愛〟がなかった愛を与えられる自分に…

福島県いわき市　石内《いしうち》てる子《こ》（47歳）

神さまが信じられない

「ご主人とお子さんを私にください」

「俺と別れてくれ。この人を愛している」

主人と、私の知人だった女性からそう言われたのは、結婚してから十一年目のできごとでした。私にとってはまさに青天の霹靂《へきれき》。ものすごいショックで頭の中が真っ白になり、ただ呆然《ぼうぜん》と二人が出ていくのを見つめていました。

私がいったい、どんな悪いことをしたというのだろう！

主人が家に帰らなくなってから、悔《くや》しさと、憎しみ、恨《うら》み、そして嫉妬《しっと》……そんなドロドロした気持が大きくなり、体がふるえるほどになりました。プライドをズタズタに傷つけられ、九歳と六歳の長男、長女とともに死んでしまおうかと思ったことも。

毎日が真っ暗。苦しくて苦しくてたまらないそんなある夜、家のポストに『光の泉』誌が、翌朝『白鳩』誌が入ったのです。そのときは無関心だったのですが、その日のうちに、パート先の食料品店のポストにも同じ『白鳩』誌をみつけたときには、妙《みょう》に気になって、パラパラと中をめくってみました。そこには、『生命の實相』という生長の家のご本を読んで幸福になった人の話がたくさん載《の》っていました。何とかこの問題を解決したかった私は、さっそく『生命の實相』を求め、時間がある限り貪《むさぼ》るように読み続けたのです。子どもたちが眠ったあと、夜を徹して読み続ける日が続くと、いつしかウトウト。ふと目が覚《さ》めると、ご本が光を放ち、銀色のもやに包まれているという不思議なこともありました。が、そのときはまだ、主人の女性問題のショックで、とうとう頭がおかしくなったのかと思うだけでした。

ただ、ただ、読んで知識を詰め込むだけ。書いてあることの丸暗記で、生長の家の教えがちっとも身になっていない……それがその頃の私でした。ですから、地元の道場で信徒さんと知り合い、「先祖供養」のしかたを教わったり、「早朝神想観《しんそうかん》」(生長の家独

“知”はあっても“愛”がなかった。愛を与えられる自分に…

「生長の家を知らなかったら、人を憎み自分も憎んで、辛い人生を歩んでいたと思います」と石内さん。塩屋崎の灯台を背に

得の座禅的瞑想法）に参加するようになってても、いつまでたっても、神罰《しんばつ》をあてる神は何の抵抗もなく受け入れられても、「絶対善《ぜん》の神さま」とか「人間・神の子」を信じることができないでいました。本当に神さまがいるなら、なぜ、こんなに辛《つら》い目にあうの？　という疑問が深まるばかりでした。

やっと生長の家本部練成道場の練成会*に参加する気になったのは、主人を憎み続けたまま三年の月日が流れてからのことでした。どうしたら心の奥底から絶対善の神さまを信じることができるようになるのか、その答えが欲しかったのです。しかし、講師のお話を聞いても、〝このお話は、あのご本のあのページに載っていた〟と思ったり、「親に感謝せよ」と教えられても、〝世の中に親を大切に思わない人がいるのかしら〟と不思議に感じたり。「夫を拝め」と言われても、〝悪いのはどうみても夫だ。どうやってこんな人を拝めというのだろう〟と反発の気持しかありません。

そんな頑固《がんこ》な私ですから、練成会を終えてしばらくしてから、なんと、主人が女性と別れてくれるというすばらしい変化があったというのに、自分で幸せへのかけ橋を壊《こわ》してしまっていたのです。家に戻ってきた主人への私の態度は、ひどいものでした。顔を見ると、プイッと知らん顔。まさに、氷の奥さんです。案《あん》の定《じょう》、主人は再び違う女性のもとへ走っていきました。

愛が不足していた自分に気づく

結局、何度練成会に出て幸福になる方法を教えられても、ちっとも実行できないまま、さらに月日は流れていきました。入信したというのに、なぜ私は幸せになれないのだろう。私は業《ごう》が深い、きっとこんな因縁《いんねん》があるのだと思う一方で、〝いつもニコニコ幸せな妻〟という理想の自分が、〝教えを信じきれず実践できない〟という現実の自分を責《せ》めるばかりでした。実家の母や、ともに暮らす姑《しゅうとめ》や子どもたちの前では、心配かけまいと満面笑顔の幸福芝居。それにも限界がきました。

そして、三十歳代も終わりに近づいた頃の本部練成道場での練成会のときのことです。講師の中内英生先生の、「私は、『生命の實相』についてはわからないことはないと自負するほど読み込んでいるつもりでした。しかし、〝知〟はあっても、私には〝愛〟がなかったのだと気づいたことがあります」というお話を聞いたとき、とうとう気づかせていただいたのです。

〝知〟はあるけど、〝愛〟がない！

それはまさに、私のことではないか、と。自分だけが幸福になる近道をしようようとして、夫をあたたかく受け入れようとする愛が、私にはまったくなかった。夫を正しく導こうなんて傲慢《ごうまん》なことを考えず、ただひたすら愛を与えることのできる自分になりたい。でもその〝愛〟はどこにあるんだろう。私の中にあるのは〝憎しみ〟だけのような気がする……。

中内先生のお話を聞いてからも、これだけ分かったのだもの、運命が改善されてもよさそうなものと思う一方で、現実の厳しいカベに立ちすくんでいました。

しかし、姑は――人として、女性として、義母として、信頼と尊敬の対象であり、夫のことはすべて相談していました――夫を戒《いまし》めるでもなく、私を責めるでもなく、気晴らしにと、姑の大好きなカラオケにしょっちゅう誘《さそ》ってくれ、オンチの私が姑から特訓を受けたのは、「私の大事なだんなさま」という内容のもの。子どもたちの幸福のためにも、何か行動を起こさなくてはいけないと思いました。

愛の与え方がわからないので、主人の誕生日にバラの花束をプレゼント。主人は「おお、きれいなチューリップだね」。今なら大笑いできるのに、そのときの私は、カチンときてまたふくれっ面。「あなたと結婚してよかったわ！」という言葉も、笑顔で言おうと思うのですが、やはりなかなか言えません。しかし、そのうち主人は二人目の女性と別れたようで、しばらく家にいるようになりました。

三人目の女性の登場で、私の決心は強いものになりました。もう、過去を振り向いたり、境遇を嘆《なげ》いてはいけない。自分のプライド云々《うんぬん》と言っている場合ではない。疑問や屁理屈《へりくつ》はまずこっちにおいといて、生長の家でよいと教えられたことは、どんなことでも実践しよう！　と。私は必死でした。

あるとき、主人に、〝殺されたって言うもんか〟と思っていた言葉を言いました。

「どうか家に帰ってきてください。どんなに遅くなっても、どこへでも迎えに行きます」

思いがけない私の言葉に、主人もびっくりしたようで、仕事の帰りの飲み屋さんからちょくちょく電話が入るようになりました。それは真夜中であったり、明け方であったり。私はどんなときも車で迎えに行くことに徹《てっ》しました。

私も主人も神の子だった

主人からの電話を待つ間は、「讃嘆日記」を書くことにしました。まずは、自分自身の讃嘆からです。私には、なぜ主人が私から離れていったのかが薄々《うすうす》はわかっていました。自分では、〝真面目《まじめ》で正しい〟と、唯一《ゆいいつ》の長所だと思っていた性格が、主人にとっては、かた苦しくて窮屈《きゅうくつ》。夫の非《ひ》を徹底的に責める、くつろげない性格の妻だったのです。たとえば、約束した夕食時間までに帰ってこないと、それが残業であろうが接待であろうが、理由に関係なくヒステリーを起こし、茶碗を叩きつけたりするような、そんな恐ろしい妻だったのです。

次々と襲《おそ》いかかる女性問題で自分を振り返るたびに、私は自分自身を嫌いになっていきました。もちろん、そんな私より主人の方がもっと悪いという気持が、すぐに大きくなったのですが……。とにかく、私は自分を好きになることから始めました。

「私は私が大好きです。私は神さまから生まれました。だから私は神の子です。本当の私は、すばらしい神の子です」

毎日毎日、自分のよいところを、たくさん書いているうちに、だんだんと気分が楽《らく》になっていきました。私はこのままで、十分すばらしい。だって、神の子なんだもの……そう思えるようになってくると、今度は主人のよいところを、幸福になりたいからという手段とか義務感ではなく、自然に書いてみたいと思うようになりました。

不思議なものです。よいところが一つ見つかると、次々に良いところが発見できるのです。中でも、私の母に、主人が結婚以来ずっと自分のお小遣《こづか》いから何がしかを割《さ》いて渡してくれていることを思い出したときは、〝ああ、こんなにいい人だったのに……自分のおもわくに合わないからと、憎んだり、恨んだりして申し訳なかった。こんなに素晴らしい人を、夫として与えられていた果報者《かほうもの》の私であったのに、気づかずにいた〞と、しみじみ〝ありがたい！〞という気持に包まれていました。「拝む」とは、こういう気持を言うのかしらと思いました。

ますます主人に、「ハイ・ニコ・ポン」*を心がけるようにしました。主人から何か言われたら、「ハイッ」と笑顔で立ち上がり、言う通りに動く。

主人は私の変化を楽しんでいたのかもしれません。手許《てもと》にあるリモコンを、台所仕事をしている私に「取ってくれ」と言うときもありました。また、爪を切らせているのを姑に見つかり、十年早い、と怒られたことも……。

ちょっとゲーム感覚のような与える愛の訓練期間が過ぎると、今度は主人が私に気をつかってくれることも多くなりました。

主人が夜遅くなるときは、主人と女性のことが気になってしかたがなかったのに、いつしか、主人が幸せであれば、それでいいと思うようになりました。頑固な私の場合は、本当に薄紙をはぐように、苦しく長い年月を要してそう思えるようになったのです。

与える愛を模索《もさく》し続けていた間は、ただ辛《つら》いだけでしたけれど、料理好きの私は、メニューをいろいろ工夫し、主人の好物を姑風の味つけに変える努力を重ねているうち、夫は「うーん、旨《うま》い」と、おでこをたたいて喜んで下さるようになりました。その姿を見るだけで幸福が心いっぱい広がります。

うんと幸福になってもらいたい！　私を幸福にするために、世間にみにくい姿をさらし続けて下さった夫の心は、どんなにか切《せつ》なかったろう。夫よ、ありがとう。私は世界一の幸福者です。あなたがいてくれるから……。

「あなたと結婚して、本当によかったわ」

と言うと、

「そうだ。ひとえに、俺の忍耐と我慢と辛抱《しんぼう》が、この家庭を支えたんだよ」

と主人。なるほどその通りです！　と思える自分が、とても嬉しいのです。ときどきふざけて昔のことを言うと、

「え!?　そんなことあったっけー。俺、覚《おぼ》えねーよー。ずいぶん悪い夢をみてたんだナ、気の毒にヨ」

とひょうきんに言うので、二人で大笑い。昨年の私の誕生日には、生長の家の「梅の花の神示《しんじ》」（神より谷口雅春先生に示された言葉の一つ）が好きな私に、ルビーとダイヤで梅の花を形どった指輪をプレゼントしてくれました。また、この二月には生長の家のお話を聞きたいといって、一緒に集まりに参加してくれたのです。幸せいっぱいの理想の私がいつもそこにいるようになりました。

今、私は思います。過去の三人の女性は、私を幸福に誘うために現れた、観世音菩薩《かんぜおんぼさつ》だったのではないか、と。一人目の女性の登場で、私は生長の家と出合い、幸福行きの

切符を手にしました。二人目の女性は、与える愛が不足していたことを気づかせてくださり、三人目の女性は、放つ愛と、私自身も主人もどの人も、すばらしい「神の子」だと教えて下さったのです。私の心を閉ざしていた氷は頑丈《がんじょう》で、溶けるまでにはずいぶん時間がかかりましたが、途中《とちゅう》でくじけないでよかったとしみじみ思います。

（平成八年六月号　撮影／田中誠一）

＊生長の家本部練成道場＝巻末の「生長の家練成会案内」を参照。
＊ハイ・ニコ・ポン＝人から何か頼まれたら「ハイ」と返事をし、「ニコッ」と笑顔で、「ポン」と立ち上がってすぐに行なう——という生長の家の教えの一つ。

娘が教えてくれた愛し方愛され方

岡山県岡山市　恩田美恵子《おんだみえこ》（41歳）

ツンとすましてヤキモチ地獄

父が青年時代から生長の家を信仰していたこともあって、私は小さい頃から、生長の家本部（東京・原宿）大道場で毎週日曜日に開かれていた講演会に、父と一緒に行ったりして、自然に教えにふれて育ちました。でも、それにしては、ずいぶん親不孝な少女だったようです。東京で鉄鋼関係の会社を経営していた両親は、毎日がとても忙しく、ほとんど子どもにまで手が回らないという状態でした。「忙しいからあっちに行っててね」といわれることも多く、私はいつしか、ふてくされて、甘えることができない少女になっていたのです。

自分も親になった今、当時のことを思い出すと、母がかわいそうで、申し訳なくて、胸がつまります。でもまさか、こんな自分の〝甘え下手〟が、結婚後まで尾を引くことになろうとは思いもしませんでした。

主人と結婚したのは昭和五十九年の十一月。私は三十三歳、主人は一つ年上でした。新婚生活は、製薬会社に勤める主人の転勤先、岡山市でスタートしました。

この人とならば幸せになれる。そんな予感が始めから私にはありました。見合いの日の数ヵ月前、私は〝夫となる人〟らしい人と手をつなぎ、険《けわ》しい山を登っていく夢を見たのです。頂上にたどりつくと、そこは光明さん然と光り輝く世界。そのとき、なぜかその男の人は、頭からびしょ濡れだったのですが、見合いの後、ご近所への挨拶のため岡山に訪ねていったときに見た、風呂上がりの主人の顔は、その人そのものだったのです。

嬉《うれ》しさがこみ上げてきました。でも感情を素直に表現するのが下手な私は、そのときも何もいわずにいました。また、結婚後も、主人が少しでも他の女性（それが売店の店員さんであっても）と楽しそうに話をしているのを見ると、ものすごい嫉妬心にかられるのに、いつもツーンとすまして能面のような顔をしていたのです。ヤキモチを焼くなんて、みっともないことだと思っていました。それに、甘えていくと、「ベタベタするな」そんなふうにいわれる気がして、いつも離れて歩き、主人が運転する車の助手席に

「すばらしい主人を素直に愛せ、拝めるようになりました」と恩田さん。
三女・福子ちゃんを抱いて

さえ座れないほどでした。

そのうち、長女を身籠《みごも》りましたが、その間も、心は穏《おだ》やかではありませんでした。他に好きな人がいるんじゃないかしらと、一人で勝手に想像して、勝手に腹を立てる。でも、主人の前では態度にはまったく出さない。可愛げのないこと、この上ないなのでした。そんな調子のまま、昭和六十年に長女・絢子《あやこ》、その三年後に次女・智子が誕生しました。

口をきかない長女のために祈る日々

「絢子ちゃん、幼稚園で全然口をきかないんですよ。誰とも遊ばないんです。どうにかしてくださいよ、お母さん！」

担任の先生が、ほとんど毎晩のように家に来て、そう訴えられるようになったのは、絢子が幼稚園の年長組に上がってすぐのことでした。年少組にいたときはまだ楽観していたのですが、一年が過ぎ、私もかなり心配になってきた頃でした。心の奥底には、必ず神さまがよくしてくださるという思いがあったものの、実際に幼稚園に様子を見にいくと、教室ではお友だちに声をかけられても、無表情でただイスに座っているだけ。園庭ではみんなが体操していても、遊んでいても、じっと立っているだけ。胸がナイフで引き裂かれるような気持になって、涙がこぼれました。

「絢ちゃん、幼稚園でも、お家にいるときみたいに、先生やお友だちとお話しようね」

私は頼みこむようにいい続けましたが、絢子は「うん」とうなずくだけ……。

「絢子のこと、早く何とかしろよ。小学校に上がれなかったらどうするんだ」

子どもが寝静まったあと主人にも責められて、私の心はどんどん暗くなっていきました。担任の先生との交換日記も始めてみましたが、読むたびに、〝どうしてそんなに絢子の欠点ばかり見るの！〟という不満の気持が大きくなっていきました。

そんな私に母親教室に行くことを勧めてくださったのは、生長の家岡山県教化部*の方でした。五月に入った頃のことです。

「恩田さん、これから毎月母親教室に参加して、明るく元気になりましょうね」

教室を開いていらっしゃる、河内節子先生の弾《はず》むような明るさを見て、〝ああ、ここで一所懸命勉強させていただいたら、きっとよくなる！〟という思いが湧いてきました。

さっそくその日から、『甘露の法雨』を一日五回ずつ読誦《どくじゅ》する行《ぎょう》を実行し、絢子《あやこ》の完全円満な実相（本当の相《すがた》）を祈る日々が始まりました。

六月には講師から、絢子の担任の先生に心から感謝することを、指導していただきました。本当のことをいうと最初は、〝どうして？〟という気持でした。でも、家で冷静になって考えてみると、一人の園児のために、あれほど熱心になってくださる先生がいるだろうかと思えてきて、すぐに交換日記に、お詫《わ》びと感謝の気持を書きこみました。

また、生長の家講習会*の券を入れる封筒の裏に、「我が願い既に成就せり。神の子・恩田絢子ちゃん、幼稚園で何でもしゃべれる何でもできる。先生のおかげだね」と書き入れて祈り続けました。私の心もだんだんと穏やかになってきました。ただ、主人に対する慢性的なヤキモチ病だけは治らずにいたのでした。

抑えていた愛が迸《ほとばし》り出て

夏休みに入り、私たち家族は、お盆を東京の私の実家で過ごすことになりました。そして、明日は岡山に帰るという最後の日に、その事件は起こりました。

家族四人で出かけて戻ってくると、母が顔色を変えて、留守中に主人の会社の女子事務員から主人あてに電話があったというのです。私の中のヤキモチ病が再発し、凍りつくような疑惑の思いがふくらんできました。

母の前では平気を装《よそお》い岡山に戻ってきた私でしたが、その夜、とうとう爆発してしまったのです。何でもない電話だという主人の言葉に耳を貸さず、私はご近所にも聞こえるほどの大声で泣き叫びました。

「あなたは私には優しくないのに、他の女性には優しすぎます！　結婚してから、ずっと！」

そして最後に、母親教室でも学び、『愛情の分析』（徳久克己著、日本教文社刊）にも書いてあった、妻の愛を全面に表した本音の一言をいったのです。

「私はあなたなしでは生きてはいけませんっ」

そのときの主人の顔！　九月に入って少し落ち着いて、その茫然《ぼうぜん》とした顔を思い出すたびに、私には主人のそれまでの思いが痛いほどわかるようになってきたのです。いつも冷たく、自分のことなど何とも思っていないような顔をしていた妻。少しはヤキモチを焼いてくれるかと思って他の女性と話をしてみても、知らん顔の妻。それが私。あやまらなければいけないのは、私だったのです！

次に、幼い頃の私に対する母の気持にも、はっきりと気づきました。今、自分も親になり、どれほど娘が愛《いと》しいものかがわかります。親兄弟など、養う家族が多かった母。みんなのために父を手伝い、忙しくて娘を抱いてやれなかったなんて、どんなにつらかったことか……

「あなた、ごめんなさい！　お母さん、ごめんなさい！」。滝のように涙があふれ出ました。幼稚園での絢子の姿、あれはすべて、私自身の姿だったのです。自分を愛してくれている人に対して、素直に愛を返せなかった私の姿を教えてくれていたのでした。

また、九月の母親教室で、姑（今は故人）にやさしく声をかけることを教えられてからは、ヤキモチ病はあとかたもなく消え、すばらしい主人を素直に愛せ、拝めるようになりました。甘えたい気持を抑えることをやめてから、何だか心のすみずみまで甘く満たされた、楽しい毎日になりました。

絢子が幼稚園で突然口をきき始めたのは、そんな日々が続いていた十月。亡くなった姑の命日でした。ちょうどその頃、私のお腹には三女が宿り、喜びは何倍にもなったのです。あれ以来、絢子はすっかり幼稚園の人気者になり、無事小学校に入学しました。次女・智子は、元気いっぱいに幼稚園に通っています。三女・福子は、まるで私の心を表すかのように、声をたててよく笑います。若い頃夢見た幸せな家庭が、そのまま現実となりました。

現在、主人は転勤のため埼玉県に単身赴任しています。絢子が二年生に上がる区切りのいいときに、私たちも追いかけていくことになっています。*その日まで、こんなにたくさんのお蔭《かげ》をいただいてしまった岡山の生長の家のみなさまに、精いっぱい感謝の気持をお返ししていきたいと思っています。

（平成五年一月号　撮影／田中誠一）

*教化部＝生長の家の地方における布教、伝道の拠点。巻末の「生長の家教化部一覧」を参照。
*生長の家講習会＝生長の家総裁、副総裁が直接指導する生長の家の講習会。現在は、谷口雅宣副総裁、谷口純子生長の家白鳩会副総裁が直接指導に当たっている。
*〜追いかけていくことになっています＝現在は、東京都江戸川区に在住。

夫の暴力、私の顔面マヒ
――そんな苦境を乗り越えて

横浜市保土ケ谷区　池田貞子《いけだていこ》（45歳）

モデルのように長身な池田貞子さんは、主婦業のかたわら通販会社に勤務していて、若々しくおしゃれな雰囲気だ。「毎日が充実しています」と笑顔をみせるが、二年前には夫との不和に悩み、顔面マヒを患っていた。苦しい日々から感謝の生活に一変した秘密は、はじめて参加した生長の家の練成会だった。

平成十二年一月のことです。朝目覚めて洗面台の前に立った私は驚きました。鏡に映っている顔が醜く歪《ゆが》んでいるのです。右半分が垂れ下がり、眉《まゆ》の位置は左右で五センチくらい違っているのでした。

病院で「顔面マヒ」と診断され、二週間ほど入院しました。お医者さんに尋《たず》ねても完全に回復するとは言ってくれません。ベッドで点滴を受けながらも「果たして元の顔に戻るのだろうか……」と不安がつのりました。

通院してリハビリを受けながら自宅療養を重ねましたが、症状は一進一退。人前に出るのが辛《つら》く、買い物などで外出するときはマスクをしなければなりません。

そんな矢先、知人が訪ねて来られ、生長の家の「練成会」という行事に誘ってくれました。

生長の家を全く知らない私でしたが、心配して足を運んで下さった知人の気持ちがとてもありがたく思えました。そして「練成会の中でも、これにはぜひ」と勧《すす》めて下さる「浄心行《じょうしんぎょう》」に参加することにしたのです。

浄心行は夜に行われますが、その人は私を午後二時に神奈川県教化部に連れて行ってくれました。大勢の方が参加されており、最初は人前に顔をさらす恥ずかしさと生長の家という宗教に対する不安で一杯です。

でも、参加した座談会では、一人一人がお話しされることを、皆さんがわが事のように聞く姿に私の心は和《なご》みました。私が顔面マヒの苦しみを正直に話すと、初対面の皆さんが「大丈夫ですよ」「ここにいればきっとよくなるわよ」と親身に励ましてくれます。優しい言葉が染《し》み入るように心に響きました。

浄心行の説明の講話がありました。人間は素晴らしい神の子で、病気や不幸などの不完全な姿は本来ない、不完全な姿は憎しみや怒りなどの間違った心の現れだと説明されます。その間違った心を浄《きよ》めるのが浄心行で、参加者は自分の過去の憎しみ、怒り、悲しみなどを紙に書き記し、それを生長の家のお経の一つである『甘露の法雨』を読みながら燃やして、本来の神の子の心に戻るというのです。

私は配られた紙に、亡き父への感謝、母への不孝を詫《わ》び、主人に対して不平不満に思っていることなど、思い当たる様々なことを書き連ね、皆さんと一緒に『甘露の法雨』を読みました。

燃やされる浄心用紙の炎をまぶたに感じながら、これまで歩んできた私の半生が脳裏に浮かんできます。そして「お父さんありがとうございます」「お母さんありがとうございます」と唱《とな》える中で、「申しわけなかった」という思いが湧《わ》き起こり、涙がとめどなく溢《あふ》れてきたのです。

顔面マヒもすっかり良くなり、おしゃれで行動的な池田さんに

地獄のような毎日

私は三人きょうだいの長女で、幼いころから「お姉ちゃんだから」と言われて育ち、わがままを言って親を困らせたような覚えはありません。いつも心にあるのは「よい子」でいようということでした。

それは、父が大好きだったからでもあります。父は港湾関係の仕事をしていましたが、頭脳は明晰《めいせき》でアマチュアの将棋大会で優勝して新聞に載ったこともあります。大らかで優しくて家族を大切にし、家族揃って旅行をしたりマージャンをしたりした楽しい思い出があります。

ところが、いつも「よい子」でいた私はいつの間にか、何事についても自分を抑える性格になってしまったのです。

中学生のころ、人気のあったバレーボール部に入りたいと思いましたが、何となく遠慮して華道部に入りました。同じクラスのやさしい男の子に初恋をしましたが、一度だけバレンタインのチョコレートをプレゼントしただけで想いは伝えられません。

高校は頑張って公立に進学し、卒業後は都市銀行に就職しました。結婚したのは二十三歳のときで、相手の男性はあの初恋の人です。その二年前、中学時代の友達と久々に再会し、そこで出会って交際をしていたのです。

主人も、父と同じく港湾関係の会社に勤務していました。父も喜んで、本当の息子のように主人に接し、私も初恋の人と結ばれた幸運を実感しました。そして、女の子二人と男の子の三人の子供を授かり、幸福に満たされた、ラブラブの暮らしが続くと思えたのです。

でも、年を経るごとにその思いは消えて不満が頭をもたげました。主人と、尊敬する父とをつい比べてしまうのです。主人が二日酔で会社を休むと「父はそんなことで絶対に会社を休まなかった」と思ってしまいます。主人の趣味はお祭りの神輿《みこし》担《かつ》ぎで、春から秋までの休日には、どこかのお祭りに出かけますが、そんなときには「父は家族を大切にしてくれた」「神輿なんて何よ！」と思うのです。

また、主人の育った家庭環境は決して幸福とは言えません。近所の人が私に「よくあなたのような人が嫁いで来てくれた」と話してくれたこともあります。最初はそんなことなど気にしていませんでしたが、いつの間にか「嫁に来てやった」という傲慢《ごうまん》な気持ちになっていました。

もちろん、そうした思いは口に出しません。子供のころと同じように、自分を抑えて「よい妻、よい母になろう」と努めました。近所の人に誘われて、ある修養団体の活動を熱心にしましたが、それも家庭をよくしたかったからです。その団体には、たくさんのことを学び感謝しています。しかし、先輩から「夫への感謝の大切さ」を教えられても実践できませんでした。主人の前に出ると、どうしても反発してしまうのです。気がつくと、私たちはどこまで行っても交わることのない平行線のような夫婦になってしまったのです。

そして、平成十一年のことです。高校一年の長男がミニバイクで大きな事故を起こしてしまいました。

主人は「お前の育て方が間違っていたからだ」と激怒しました。私は目の前が真っ白になり、母親としての責任を痛感しましたが、主人に言われると「私も悪かったけど主人も悪い」と思ってしまうのです。

それからは地獄のような毎日でした。主人は私をなじって暴力をふるい、離婚を口にすることもありました。何も言えない私はいつも泣いているだけ。長女は高校を卒業して会社勤めをしていましたが、「こんな家にいたくない」と思ったのか、家を出てアパートで暮らすようになりました。

我が家はどうなってしまうのだろう――、そんな不安の中で私は顔面マヒになり、浄心行に参加させて頂いたのです。

そのままの夫に感謝

浄心行で懺悔《ざんげ》の涙を流し、私はスッキリした気持ちで帰宅しました。でも、主人はお酒を飲みながら「もっと早く帰れないのか、お前の顔面マヒだって、俺の稼いだ金で治療してやったんだ……」と不機嫌に言うのです。

このとき、私は自分でも信じられないような行動に出たのです。

主人の言葉をさえぎり、思わず「そんなこと本当に思っているの!」と言い返して、お膳《ぜん》を思いっきりひっくり返したのです。主人はあっけにとられて「いや、そんなつもりじゃないんだ」と言いました。

でも、結果的にはこれがよかったのでした。これで心のわだかまりは消え、自分を押し殺すだけの私から、思ったことを素直に表現できる私になったのです。

それからは知人に教えられた通り、神想観《しんそうかん》を毎日行い、聖経を読誦《どくじゅ》してご先祖さまや流産児の供養をしました。数日後、初めて聖経『続々《ぞくぞく》甘露の法雨』を読誦すると、そこで心に響くご文章に出合いました。

《真《しん》の人間は「神の子・人間」なり、真清浄《しんしょうじょう》、真円満なる「神の子・人間」なり。》

《汝《なんじ》は汝の「生命」の実相《そのまま》で宜《よろ》しきなり。》

私は「そうなんだ、主人も長男も私もそのままで神の子なんだ」と素直に思え、目の前がパーッと明るくなるのを覚えました。

それからは主人と正面から何でも話せるようになり、「そのまま」の主人に感謝できるようになったのです。

ある日、生長の家のことを話すと主人は感心したように聞いてくれます。思い切って練成会の浄心行に誘うと、驚いたことに一緒に参加してくれました。主人は私の横で

「長いお経だな」とこぼしつつ、『甘露の法雨』を一所懸命に読誦していましたが、その姿は輝いていました。

私も主人からお神輿に誘われ、生まれて初めて半被《はっぴ》を着て出かけました。主人が仲間の皆さんに「女房だよ」と照れながら紹介してくれましたが、そのときの主人の顔は本当にうれしそうでした。富士山へのドライブや映画にも行き、まるで新婚時代に戻ったような新鮮な気持ちです。

長男は、事故を機に高校を自主退学してアルバイトをしていましたが、就職の神癒祈《しんゆき》願《がん》*を生長の家本部に申し込んでいたところ、その満願日に主人の会社に就職することが決まりました。親に反発していた長男も、父親を心から尊敬できるようになった様子です。毎朝一緒に出勤する主人と長男の後姿を、私は合掌して見送っています。

我が家はすっかり明るくなりました。長女も家の雰囲気が変わったのが分かったようで、アパートを引き払って戻ってきました。

十三年春、二十二回目の結婚記念日を迎え、家族そろって中華街で食事会をしました。そのとき子供たちは「いろいろあったけど、お父さんお母さん、おめでとう」と言って、ブランド物の財布とキーホルダーをプレゼントしてくれましたが、あれはどうれしかったことはありません。

あの顔面マヒも、気が付いてみるとほとんど治ってしまいました。

現在、私は法人向けに事務用品を通販する会社で働いています。顔面マヒのリハビリを兼ねて十三年三月から電話のオペレーターとして勤めましたが、この一年で六十人ほどのオペレーターを管理する立場になり、充実した毎日を過ごしています。

そんな私を支えてくれているのはもちろん、主人と子供たち。今、私の心は感謝の思いに満ち溢れています。

（平成十五年一月号　撮影／原　繁）

＊神癒祈願＝神の癒しによって問題が解決するように祈ってもらうこと。生長の家本部、総本山、宇治別格本山、本部練成道場などで受け付けている。

運命を呪っていた生活から今、光の中を歩む日々に…

高知県南国市　奥田《おくだ》　澄《すみ》（43歳）

はだしで飛び出して

深夜の氏神様《うじがみさま》の杜《もり》は、静まりかえって人の気配もなく物音一つしません。遠く近く家々の灯《あか》りがまたたいています。私以外の世の中の人全部が、今頃、平和な眠りの中に安らいでいるかと思うと、〝どうして私ばかりこんな悲しい目にあわなければならないのか〟と、自分の運命を呪い、涙を流す私でした。

かたわらで私の幼い娘が眠っています。恐ろしい形相《ぎょうそう》になって、手あたり次第、ものを投げつけ、ふすまを蹴《け》り、ガラスを割り、箪笥《たんす》を倒して暴れる夫がこわくて、履物《はきもの》もはかずに飛び出したため、はだしの足は痛く、夜風は肌をさします。〝もう夫は寝入った頃……〟と音を立てないように家に入り、子どもと二人着たままの恰好《かっこう》で眠るのです。

〝一晩でいい、おふとんに入ってちゃんと寝てみたい！〟。そんな誰にでも与えられている当たり前のことが、当時の私には叶《かな》えられない希望だったのです。

朝になると、前夜の後片《あとかた》づけが待っています。寝不足の身体を起こし、こわれたものを片づけながら、〝こんな生活がいつまで続くのだろう〟と思うと、不安と悲しみで胸がつぶれる思いがしてくるのでした。〝酒乱〟……言葉としては知っていましたが、自分の夫を通して、はじめて私は現実のものとして知ったのです。

突然の異変

昭和五十二年、私は五歳年上の夫と見合結婚しました。夫の父は六歳の時に亡くなり、母が学校へ勤めながら、夫と弟の二人の男の子を女手一つで育ててきたのです。夫はまじめに会社勤めに励んでくれ、結婚の翌年には女の子が生まれて、夫の母ともさして問題もなく幸せに過ごしていました。

昭和五十五年、夫の母が五十八歳の若さで亡くなりました。突然夫に異変が起こったのは、母の昇天から三ヵ月ほど経った頃でした。「飲みに行くから金を出せ」と言って

運命を呪っていた生活から今、光の中を歩む日々に…

氏神様の境内で。今、奥田さんは、このお社で感謝の祈りを捧げる

は、五万、十万と私からむしり取るように取り上げ、毎晩のように飲みに出かけるようになりました。

お酒を飲まない時はおとなしく穏《おだ》やかな人が、飲んで帰ってくるときは、まるで別人のような恐ろしい目つきに変わって、家の中のものを手当たり次第に投げつけ、こわし、蹴とばし、手がつけられないくらい暴れ狂うのです。〝子どもに怪我をさせては……〟と、私は子どもをかばい、外へ飛び出し、逃げていくのが精一杯でした。

毎晩のように続く家の中の騒ぎは近所中に知れ渡り、迷惑をかけている申し訳なさと恥《は》ずかしさに、私は身の置き場のないほどの苦しみを味わいました。ある時は、財布も持たず子どもと二人ではだしで家を飛び出し、香美郡野市町の実家までタクシー着払いで乗って逃げ帰り、タクシーの運転手さんに、「幽霊かと思った」と言われたこともありました。近所のお家に泊めていただいたこともありました。車の中で夜を明かしたこともありました。

そのうち、ボストンバッグに子どもと私の身のまわりのものを入れて、夫が暴れだしたら、いつでもそれを持って飛び出せるよう用意するようになりました。酔った勢《いきお》いで、私に「車を出せ」と言って、「あっちへいけ、こっちへいけ」、と一晩中走らされたこともありました。母が残してくれた退職金があるのを知っている夫は、いくらでもお金を持ち出し、やがて全部飲み代《しろ》に消えてしまいました。身も心も疲れ果て、「もう、別れよう」と家を出る決心をした時、不思議なことに子どもが高熱からひきつけを起こし、死ぬような状態になって、私を踏みとどまらせてくれたこともありました。

入信

酔いからさめると、朝もちゃんと起きて会社にも出勤し、口数は少ないものの、おとなしいまじめな夫の姿に戻《もど》るのを見て〝どうしてこういうことになるのか？〟と、理由もわからず悩んでいるのを見かねた夫の叔父が、精神科の病院につれていってくれたこともありました。娘の私がこんなに苦しめられているのに、唯《ただ》一人夫をちがった観方《みかた》で見てくれていたのが、私の実家の母でした。母は「生長の家」の信徒で、私を生長の家聖使命会員にして、ずっと会費を納《おさ》めてくれていたのです。何度目かに実家に逃げ帰った私を、母は近くに住んでおられた生長の家の濱田《はまだ》恵美講師のお宅に、個人指導を受けさせるため連れていってくれました。

講師は、「人間・神の子」の真理をわかりやすく説いてくださり、「運命も環境もその人の心の影である」と、教えてくださいました。それまで〝私は決して悪くない〟と思っていたのが、お話を聞くうち、〝これは、夫の現れた姿だけに捉《とら》われて、夫の気持を知ろうとしなかった私にも原因があった〟とはじめて気がつきました。〝私が変われば、夫も変わるかも知れない〟と思い始め、すすめられた高知練成会に、子どもを連れて参加しました。

指導に当たっておられた教化部長*は、現在の辛《つら》い境遇を話す私に、ご自分も涙を流して聞いてくださいました。〝この世に、他人のことでこんなに悲しんで一緒に泣いてくれる人がいたのか……〟と、私は驚き、生長の家の信徒の方々の愛情の深さに感激しました。それまでは、境遇から逃げることばかり考えていた私でしたが、〝逃げ出しても問題はついてくるもの。真理を学び、私が神の子として生まれ変わって、すべての人・もの・事を拝める自分になることで夫も子どもも私も幸福になる道を生き抜いてみよう〟と、心に決めました。

懺悔する

　それからは、私の練成会巡《めぐ》りが続きました。高知練成会、愛媛練成会、本部練成道場の練成会、宇治別格本山*の練成会と、子どもを連れて参加しました。私の心に〃これだけ熱心にやっているのだから、もうそろそろ夫も変わっていいのではないか？〃という思いがわいてきました。しかし、夫の状態は一向に変わる様子もなく、飲めば暴れる状態が続きました。

　今はもう故人となられた小崎小夜子講師から「他人様《ひとさま》のお役に立つ徳積《とくつ》みの生活をしなさい。自宅で誌友会（信徒の集い）を開きなさい」と教えられました。依然として、夫のお酒を飲めば暴れる生活は繰《く》り返《かえ》されていましたが、小崎講師に教えられたとおり、「いいお話があるから、来ませんか？」と、友人・知人に声をかけ、私宅で誌友会を始めました。会を重ねるにつれて喜んで来てくださる人が増えてきました。「自分の家も調《ととの》っていないのに他人にすすめて……」と、陰《かげ》で嘲《わら》っている人がいると聞くと、ひるみそうになったりしましたが、小崎講師の力強い言葉に励まされて、精進しました。母親教室、講演会などにも人を誘って参加しました。

〝助かりたい！〟という一心で、教えられたことを実行していた信仰が間違いであったことに気づかされる時がきました。熱心にやればやるほど夫の状態がひどくなるようなことになりました。辛《つら》くなると、昼であろうと夜であろうと、濱田講師のお宅に駆け込んで助けを求めました。講師はいつ伺ってもイヤな顔一つされず、温かく迎えてくださいました。「相手を変えようとするのは間違いですよ。あなたが変わればよいのです」「信仰は無条件です。神様を商売の取引と一緒にしてはいけません。唯《ただ》ですよ、ただ実行ですよ」と言って、「がんばろうね！」と背中をさすってくださるのでした。

夜、夫のいない時間に『生命の實相』を読み、先祖供養をし、母の流産児への供養を続け、他人様への愛行《あいぎよう》も続けました。前とちがってそれは唯《ただ》やらせていただく行に変わっていきました。

ある時、娘から「お母さん、お父さんにお金をあげるときは喜んでやり」「お父さんはさびしいんじゃないろうか」と言われ、ハッと胸をつかれたことがありました。練成会で言われた、「主人の言われることに、すべて〝ハイ〟ですよ」の言葉が、はっきりよみがえってきました。〝ハイ〟ということは〝無条件で〟ということです。神に感謝し愛行を唯《ただ》無条件でやらせていただくのと同じように、私の心も、神の子である夫に対して、無条件でなければならなかったのです。〝申し訳なかった、わるかった〟と、懺悔《ざんげ》の気持が湧いてきて、完全円満な夫の実相（本当の姿）を心に描き、感謝合掌しました。夫のお酒を飲んで暴れる回数は徐々《じょじょ》に減り、やがて全くなくなりました。こうして、私たち一家は救われたのです。

浄化されて

昨年（平成四年）六月のことです。何年か前から右手がしびれているのを感じていましたが、だんだんとしびれは右足にきて、そのうち左手にまで進んできました。精密検査の結果、原因不明の難病の一つである「頸椎《けいつい》後縦靭帯《じんたい》骨化症」という、きいたこともない病名をつけられました。首の手術のため、三ヵ月にわたる入院をしました。み教えを学ばせていただいたお蔭で、不安や恐怖はなく、むしろ、〝ああ、大浄化をさせていただいている〟という感謝の思いの方がつよく、手術もうまくいって経過も良好でした。

そんな病床に飛び込んできたのが、当時中学三年生だった一人娘が、出場していた柔道の高知県大会・体重別クラスの部で優勝したという知らせでした。中学二年の時、女子の柔道部が開設され、すすめられて入部していたのですが、わずか一年で実った成果でした。そして、四国大会、富山県で行われた全国大会にまで出場できたのです。

両親の不幸をみて育ったので、父親を恨《うら》み、暗い子に育ったかもしれないところでしたが、み教えを知ったお蔭で、私は子どもには父親の悪いことは語らず、「お父さんのお蔭で学校に行けて有難いね。お父さんはきっとよくなるからね」と、努めて明るいコトバで接してきました。娘は明るく積極的な子どもに成長してくれ、中学では生徒会長をさせていただくなど、健全に育ってくれました。この娘がいてくれたからこそ、〝死のう〟とまで思った苦しみの中から起ち上がることができ、家庭を壊さずにすみました。神様からの授《さず》かりものの娘に、感謝しています。

平成四年はわが家にとって、明暗織りなした年でした。私の退院の目途《めど》も立ってひと安心しているところへ、夫が急性のヴィールス性の病気にかかり、肺と腎臓が冒《おか》されて、入院先の高知医科大学医学部付属病院で危篤《きとく》状態に陥《おちい》ったのです。親戚が呼び集められ、私も入院先の病院から駆けつけました。集中治療室の夫は、血圧が上が50より上がらず、「95パーセント生命の保証はできない」と、医師から宣告されました。生長の家本部に神癒祈願《しんゆきがん》（神の癒《いや》しを祈願すること）をお願いし、南国市の信徒さんの皆さんが祈ってくださるご愛念に力を得て、私は『甘露の法雨』（生長の家のお経）を誦《あ》げ続けました。

四日目、夫は、見事に甦《よみがえ》りました。一ヵ月の入院を経て元気に退院し、夫婦揃《そろ》って、身も心も浄化された清々《すがすが》しさをかみしめました。

「神様助けて！」。深夜の氏神様の杜で、夫の暴力から逃れて泣いたあの頃から十年が経ちました。南国の明るい太陽の光をうけて、あの日と同じようにひっそり静まるひなびたお社で、地域の光明化と日々のお護《まも》りを感謝する祈りを捧《ささ》げる私です。

（平成五年十二月号　撮影／砂守かつみ）

＊教化部長＝生長の家の各教区の責任者。
＊宇治別格本山＝巻末の「生長の家練成会案内」を参照。

パチンコ三昧《ざんまい》の夫も「神の子」だった
——愛の試練をこえて夫を拝みきる

山形県鶴岡市　三浦裕美《みうらひろみ》（47歳）

私が救ってあげたい

〝淋《さび》しげな人だ。何か陰があるようだけど、家庭的な愛に欠けているのかしら？　私が心から救ってあげたい〟。夫と初めて出会ったとき、私はそう思いました。やがてそれは、自分の選択した運命となり、私自身の心の旅路の始まりとなるのです。

私は中学二年生のとき、母親を肺結核で亡くし、同居していた母方の祖母が、私と妹の面倒をみてくれるようになりました。父は靴のセールスマンでしたが、靴だけでは商売にならず、祖母と赤飯や餅《もち》を作り、ささやかな商《あきな》いをして生計を立てていました。私は定時制高校に通いながら、地元のスーパーマーケットに出店している、お菓子屋の店員として働いていました。高校を卒業した翌年の昭和四十五年一月、夫が同じスーパーマーケットに就職してきて、知り合いました。私たちの交際に気づいた職場の上司は、「彼は女性問題のある人だから、交際はやめた方がいい」と忠告してくれました。私の耳にも噂《うわさ》は入っていましたので、〝この人と結婚しても、多分、幸せにはなれないだろう〟との予感はありました。

成人式を迎えた夜のことです。喫茶店で別れたい、と話すと、納得《なっとく》してくれて、私をタクシーで自宅まで送ってくれました。ところが急に、「鶴岡駅で見送ってくれ」と言って、タクシーを鶴岡駅に向かわせました。二十七年前のことですから、まだ黒い煙を吐《は》いていた汽車がホームに滑《すべ》り込んできました。彼は故郷を捨てて、東京へ旅立つつもりでした。発車のベルが鳴り止むと、彼はホームに立つ私を強引《ごういん》に汽車の中に引きずり込みました。夜の十時を過ぎていても、ホームには人影がありましたから、一瞬、「助けて下さい！」と叫ぼうと思いましたが、叫べば、この人が悪者になると思い、声が出ませんでした。あのとき、危険を覚悟で汽車から飛び降りていたら、私の運命も変わっていたかもしれません。

実家の父が、どんなにつらい思いをしているだろう……。私は自分の犯した罪を責《せ》め続けました。私の意志に反した駆け落ちでしたから、着のみ着のままの状態で、私たちは千葉の漬物屋に身を寄せました。経営者はまだ若いのに、気くばりをしてくれ、私はそこで店員として働き、彼は経営者の助手として運搬《うんぱん》車に乗ることにして、アパートも借りてくれたのです。しかし、その好意に報《むく》いることもできないまま、二ヵ月で退職しました。運搬の助手という仕事を主人が嫌ったからです。行く当てもないので、当時、大学生だった主人の弟の下宿先にふたりで転《ころ》がり込み、定職もないまま、三人の生活が始まりました。私が義弟と親しく話すと主人は嫉妬《しっと》して、義弟の留守中に私に拳骨《げんこつ》を振るいました。このままではどうしようもないと思って悩んでいたとき、義父が私たちを連れ戻すために上京してきました。義弟が秘かに連絡してくれたのです。昭和四十五年五月末、故郷の土を再び踏むことができました。実家の父は、「よく帰ってきたな」と言ったきり眼を赤くしていました。親不孝な娘に複雑な心境だったと思います。

しばらくして、義父が婚姻届を持って訪ねてきました。嫁として認めてくれることになったのですが、私の心の中には、素直に喜べない拒絶感がありました。好奇の目で世間から見られているようで、恥《は》ずかしく、外へ出るのも億劫《おっくう》でした。それでも、働いて

優しい人柄がうかがえる笑顔の三浦さん

いたお菓子屋さんには、突然の退職で迷惑をかけたことをお詫《わ》びに行きました。夫も会社に詫びて、再び元のスーパーマーケットに復帰しました。結婚式は挙げずに三浦家に嫁として迎えられ、夫の両親と、末っ子の三男（当時小学六年生）との五人の生活が始まりました。

三男からあるとき、「あんな兄ちゃんのどこがいいの？」と言われたときはショックでした。幼いながらも、夫が両親を困らせているのを見て、心を痛めていたのです。

相手の女性を拝む

昭和四十六年五月、私は長男を出産しました。妊娠中は、電気回路の基板の組立てをする会社で働いていましたが、夫は、私の目を盗んで、女性関係を持っていました。帰宅が遅くなると、「残業だ」とごまかしていましたが、会社の上司の方から聞いて、私は事実を知っていました。義父や義母には絶対、泣きごとは言いませんでした。余計な心配をさせたくなかったのと、相談すれば逆に、叱《しか》られるのが分かっていたからです。

義父母は学識もありましたが、私に対しては、刺すように言葉が鋭く、成人式を終えたばかりの、無知で主婦の真似ごとをしているような私に、不満があったろうと思います。私の表情は曇《くも》りがちになりました。

そんな家庭が、夫にとって決して居心地《いごこち》がいいはずはありません。五十年六月のことでした。主人は、私より二歳若い会社の女子社員と、双方が欲得ずくで駆け落ちしたのです。私の場合は、夫の一方的な強引さに巻き込まれたわけですが、そのときは相手の女性が納得していたのですから、事態は深刻でした。四十九年十一月に次男を生んで、二児の女親になっていた私は、途方《とほう》に暮れました。

次男を背負って、歯を食いしばって耐える日が続きました。主人の居所が判《わか》ると、義母は、「帰ってこなくてもいいから、子どもの養育費だけは送って下さい」と手紙を出したそうです。主人のいない留守中に、まるでお手伝いさんのように働き、ときには怒《ど》鳴《な》られている私の立場はどうなるのでしょう。

でも苦境のどん底にいた私を支えてくれたのは、生長の家の教えでした。私は小学校五年生のとき、亡母から「これ読めば、善《よ》い子になれるから」と勧められて、谷口雅春先生の『人生読本』（日本教文社刊）を読んだことがあります。それ以後も、折《おり》にふれて、自分から求めて、『生命の實相』や生長の家の月刊誌を読んでいました。義父母に辛《つら》く当たられ、どんなに悲しくても、〝お義父《とう》さんはいい人、お義母《かあ》さんもいい人。私をよくするために言ってくれているんだ〟と心を素直にもち、夫のいない家に、子どもとすまわせてもらっているだけでも有難い、と感謝の気持を忘れませんでした。そして、夫には、子どもと共に、暖かい手紙を書いて送っていました。

夫の居所が判《わか》ったので、私は夫の連れの女性に手紙を書きました。「私は貴女を恨《うら》んではいません。私の足りないところを補って下さって感謝しています。どうか幸福になって下さい。くれぐれも主人をよろしくお願いします」と――

私の親戚は、私を離婚させて別な男性と再婚させようとしていました。夫は、子どもの問題もあって、私と協議離婚するために、相手の女性を「すぐ帰るから」と説得して、一旦《いったん》、鶴岡に帰ってきました。昭和五十五年九月始めのことでした。鶴岡駅に降り立った夫は、長男に、一万数千円もする玩具《がんぐ》を買ってきていました。五年近くも離れていた人が……。私はその前夜、義父母の前で、「私は再婚はしません。主人が女の人と別れて、先行き一人ぼっちになり野垂《のた》れ死にでもしたら可哀想《かわいそう》なので、お義父さん、お義母さんのお世話をさせてもらいながら、何年でも主人の帰りを待ちますから、子どもと一緒にこの家に置いて下さい」と頭を下げて頼んでいました。

夫を出迎えた私は「ぜひ家に帰って」と頼みました。「どうせ、親父や、お袋が許してくれないだろうから」と尻込みする夫を説得して、タクシーで家まで連れて帰りました。夫の両親は、無言で迎えました。でも、心の中では泣いていたと思います。大学生だった義弟は既に卒業して家庭を持っていましたが、「兄ちゃんを帰すな。あの女性と話をつけるから、俺にまかせてくれ」と、東京から電話をくれました。慰謝料を払って、相手の女性に別離を受け入れてもらったと、後から聞きました。

パチンコ三昧《ざんまい》の夫を拝みきったとき

これからの生活の設計を案じた義母が、百坪の土地を購入して、野菜、果物、食料品を売る店を出してくれたのは、夫が帰ってきて、三年目の春でした。夫は午前五時に起きて、青果市場へ行き、商品を店に納めると、私と一緒にトラックに青果を積んで行商に出ました。戸別訪問して、私がお客さんをトラックまで案内して買ってもらうのです。

この頃から夫は、客が来ないと、パチンコへ行くようになりました。昼間のことですから、私はトラックの運転席で夫の帰りを待ちました。ソロバン教室を自宅に開いていた義母は、昼間は店番をしてくれましたが、平成二年三月二十三日の早朝、トイレの中で倒れ、そのまま亡くなりました。同じ年の十二月に、義父も、まるで後を追うように亡くなりました。義母が亡くなる四、五日前に、「裕美さんが嫁さんでよかった。どうも有難う」と感謝されました。三浦家の嫁となって二十年目でしたが、嫁として合格の言葉をもらい、義母の手を握って泣きました。

　平成七年の十二月、店が、道路拡張工事に伴う立ち退《の》きの対象になるというので、売却することになりました。夫はパチンコに明け暮れる日々を送るようになりました。定期預金をこっそりおろして何十万もパチンコにつかわれてしまったときは、ショックを受けました。もうこれまでか、とおもいましたが、ある日、フッとこんな言葉が浮かんできました。

「夫も神のいのちの宿った神の子ではないか」

神様が教えてくださったのです。この言葉が浮かぶと、後はプラス思考に変わっていきました。「適当なときがきたら、きっと働いて下さる」「夫の今の仕事はパチンコなんだ」「今までパチンコに使ったお金は、天の倉、神の世界に貯えられている」「夫の好きなことを喜んでさせてあげよう。今まで文句ばかり言ってごめんなさい」「夫の実相（神が創《つく》られたままの完全円満な相《すがた》）を拝み、信じてついていこう」――心は明るくなり、夫の実相を拝めるようになりました。そして、パチンコに出かける夫を、朝はニッコリと笑って「行ってらっしゃい」と送り出し、夜は「お帰りなさい」と優しく迎えました。

さらに霊界の義父母に、夫の辛くて苦しい気持を優しく受け止められなかった妻の自分のいたらなさを詫び、「主人に、どうかもっとふさわしい仕事がみつかりますように」と祈りました。そうしているうち、夫の友人から「オレが仕事を探してあげたから」と電話が入り、夫はパチンコの仕事を九ヵ月目に退職できたのです。

私を磨いてくれた観世音菩薩

私の次男は、同い年の嫁と十九歳で結婚して、一児の父となって仙台で家庭をもっています。一昨年の十二月のことです。嫁から電話があり、「もう、主人とは一緒に暮らせない。私に相談もなく仕事を辞《や》めてしまって」と言ったきり、電話の向こうで泣いていました。私が「息子を信じてやって下さい。必ず貴女と子どもを幸せにするから」と熱っぽく語ると、「私も本心では別れる気はありません」とのこと。しばらく私の家に子どもと身を寄せて、働きたいと言うのです。自分の母親に相談する前に、私に相談してくれたのもうれしくて、いとおしく思いました。

一週間後のことです。嫁のお母さんから、「娘が可哀想だ。息子さんは収入も少ないでしょうから、お母さんが慰謝料を払って下さい」と電話がありました。そして、「裁判所から連絡があり次第、また電話します」と言われました。私は、何も恐くはありませんでした。これは息子の自壊作用《じかいさよう》(心の中に蓄積してきたマイナスの想いが消えてゆくこと)、これで救われたと思い、嫁のお母さんのいる仙台を向いて手を合わせ、「お母さん、有難うございます」と何回も感謝しました。その後、一週間過ぎても十日過ぎても連絡がありません。嫁のお母さんは、電話で私にそう言っただけで、息子たち夫婦は何も知らなかったのです。嫁のお母さんが、観世音菩薩《かんぜおんぼさつ》として私の前に現れて、息子の実相を拝むことを教えてくれたのだと思います。

息子はいま、ラーメン屋で働いています。夫婦仲もよく、すばらしい嫁をもらった息子を誇《ほこ》らしく思います。立派な嫁を生んでくれたお母さんには感謝が尽きません。

夫はいま一所懸命、建設現場で汗水《あせみず》流して働いています。夫は現象界に色々な姿を現して、私に生長の家の教えで説かれる真の愛を実践させてくれました。お金の大切さ、有難さ、お金を大事にする心をも教えてくれたのです。神様は私のために夫を遣《つか》わせて下さったのだと思うと、二十七年前、無理に駆け落ちさせられたことも感謝できます。

また、義父母の厳しさも、現在の私にならせていただくための愛であった、義父母と暮らした二十年間の辛い日々も私の内なる「神の愛」を引き出し、魂を向上させるうえに必要であったと気づいたとき、はじめて心から義父母を拝むことができました。いまの私があるのは、義父母と夫のお蔭《かげ》と感謝しております。

（平成九年八月号　撮影／田中誠一）

教化部名	所　在　地	電話番号	FAX番号
静岡県	〒432-8011　浜松市城北2-8-14	053-471-7193	053-471-7195
愛知県	〒460-0011　名古屋市中区大須4-15-53	052-262-7761	052-262-7751
岐阜県	〒500-8824　岐阜市北八ッ寺町1	058-265-7131	058-267-1151
三重県	〒514-0034　津市南丸之内9-15	059-224-1177	059-224-0933
滋賀県	〒527-0034　八日市市沖野1-4-28	0748-22-1388	0748-24-2141
京　都	〒606-8332　京都市左京区岡崎東天王町31	075-761-1313	075-761-3276
両丹道場	〒625-0081　舞鶴市北吸497	0773-62-1443	0773-63-7861
奈良県	〒639-1016　大和郡山市城南町2-35	0743-53-0518	0743-54-5210
大　阪	〒543-0001　大阪市天王寺区上本町5-6-15	06-6761-2906	06-6768-6385
和歌山県	〒641-0051　和歌山市西高松1-3-5	073-436-7220	073-436-7267
兵庫県	〒650-0016　神戸市中央区橘通2-3-15	078-341-3921	078-371-5688
岡山県	〒703-8256　岡山市浜2-4-36(仮事務所)	086-272-3281	086-273-3581
広島県	〒732-0057　広島市東区二葉の里2-6-27	082-264-1366	082-263-5396
鳥取県	〒682-0022　倉吉市上井町1-251	0858-26-2477	0858-26-6919
島根県	〒693-0004　出雲市渡橋町542-12	0853-22-5331	0853-23-3107
山口県	〒754-1252　吉敷郡阿知須町字大平山1134	0836-65-5969	0836-65-5954
香川県	〒761-0104　高松市高松町1557-34	087-841-1241	087-843-3891
愛媛県	〒791-1112　松山市南高井町1744-1	089-976-2131	089-976-4188
徳島県	〒770-8072　徳島市八万町中津浦229-1	088-625-2611	088-625-2606
高知県	〒780-0862　高知市鷹匠町2-1-2	088-822-4178	088-822-4143
福岡県	〒818-0105　太宰府市都府楼南5-1-1	092-921-1414	092-921-1523
大分県	〒870-0047　大分市中島西1-8-18	097-534-4896	097-534-6347
佐賀県	〒840-0811　佐賀市大財4-5-6	0952-23-7358	0952-23-7505
長　崎	〒852-8017　長崎市岩見町8-1	095-862-1150	095-862-0054
佐世保	〒857-0027　佐世保市谷郷町12-21	0956-22-6474	0956-22-4758
熊本県	〒860-0032　熊本市万町2-30	096-353-5853	096-354-7050
宮崎県	〒889-2162　宮崎市青島1-8-5	0985-65-2150	0985-55-4930
鹿児島県	〒892-0846　鹿児島市加治屋町2-2	099-224-4088	099-224-4089
沖縄県	〒900-0012　那覇市泊1-11-4	098-867-3531	098-867-6812

●生長の家教化部一覧

教化部名	所在地	電話番号	FAX番号
札幌	〒063-0829 札幌市西区発寒9条12-1-1	011-662-3911	011-662-3912
小樽	〒047-0033 小樽市富岡2-10-25	0134-34-1717	0134-34-1550
室蘭	〒050-0082 室蘭市寿町2-15-4	0143-46-3013	0143-43-0496
函館	〒040-0033 函館市千歳町19-3	0138-22-7171	0138-22-4451
旭川	〒070-0810 旭川市本町1-2518-1	0166-51-2352	0166-53-1215
空知	〒073-0031 滝川市栄町4-8-2	0125-24-6282	0125-22-7752
釧路	〒085-0832 釧路市富士見3-11-24	0154-44-2521	0154-44-2523
北見	〒099-0878 北見市東相内町584-4	0157-36-0293	0157-36-0295
帯広	〒080-0802 帯広市東2条南27-1-20	0155-24-7533	0155-24-7544
青森県	〒030-0812 青森市堤町2-6-13	017-734-1680	017-723-4148
秋田県	〒010-0023 秋田市楢山本町2-18	018-834-3255	018-834-3383
岩手県	〒020-0066 盛岡市上田1-14-1	019-654-7381	019-623-3715
山形県	〒990-0021 山形市小白川町5-29-1	023-641-5191	023-641-5148
宮城県	〒981-1105 仙台市太白区西中田5-17-53	022-242-5421	022-242-5429
福島県	〒963-8006 郡山市赤木町11-6	024-922-2767	024-938-3416
茨城県	〒312-0031 ひたちなか市後台字片岡421-2	029-273-2446	029-273-2429
栃木県	〒321-0933 宇都宮市簗瀬町字桶内159-3	028-633-7976	028-633-7999
群馬県	〒370-0801 高崎市上並榎町455-1	027-361-2772	027-363-9267
埼玉県	〒336-0923 さいたま市緑区大間木字会ノ谷483-1	048-874-5477	048-874-7441
千葉県	〒260-0032 千葉市中央区登戸3-1-31	043-241-0843	043-246-9327
神奈川県	〒246-0031 横浜市瀬谷区瀬谷3-9-1	045-301-2901	045-303-6695
東京第一	〒112-0012 文京区大塚5-31-12	03-5319-4051	03-5319-4061
東京第二	〒182-0036 調布市飛田給2-3-1(仮事務所)	0424-90-5880	0424-90-5881
山梨県	〒406-0032 東八代郡石和町四日市場1592-3	055-262-9601	055-262-9605
長野県	〒390-0862 松本市宮渕3-7-35	0263-34-2627	0263-34-2626
長岡	〒940-0853 長岡市中沢3-364-1	0258-32-8388	0258-32-7674
新潟	〒951-8133 新潟市川岸町3-17-30	025-231-3161	025-231-3164
富山県	〒930-0103 富山市北代6888-1	076-434-2667	076-434-1943
石川県	〒920-0022 金沢市北安江1-5-12	076-223-5421	076-224-0865
福井県	〒918-8057 福井市加茂河原1-5-10	0776-35-1555	0776-35-4895

●生長の家練成会案内

総本山……長崎県西彼杵郡西彼町喰場郷1567　☎0959-27-1155
　＊龍宮住吉本宮練成会……毎月1日～7日（1月を除く）
　＊龍宮住吉本宮境内地献労練成会……毎月7日～10日（5月を除く）
本部練成道場……東京都調布市飛田給2-3-1　☎0424-84-1122
　＊一般練成会……毎月1日～10日
　＊短期練成会……毎月第三週の木～日曜日
　＊光明実践練成会……毎月第二週の金～日曜日
　＊経営トップセミナー、能力開発セミナー……（問い合わせのこと）
宇治別格本山……京都府宇治市宇治塔の川32　☎0774-21-2151
　＊一般練成会……毎月10日～20日
　＊神の子を自覚する練成会……毎月月末日～5日
　＊伝道実践者養成練成会……毎月20日～22日（11月を除く）
　＊能力開発研修会……（問い合わせのこと）
富士河口湖練成道場……山梨県南都留郡富士河口湖町船津5088　☎0555-72-1207
　＊一般練成会……毎月10日～20日
　＊短期練成会……毎月月末日～3日
　＊能力開発繁栄研修会……（問い合わせのこと）
ゆには練成道場……福岡県太宰府市都府楼南5-1-1　☎092-921-1417
　＊一般練成会……毎月13日～20日
　＊短期練成会……毎月25日～27日（12月を除く）
松陰練成道場……山口県吉敷郡阿知須町大平山1134　☎0836-65-2195
　＊一般練成会……毎月15日～21日
　＊伝道実践者養成練成会……（問い合わせのこと）

○奉納金・持参品・日程変更等、詳細は各道場へお問い合わせください。
○各教区でも練成会が開催されています。詳しくは各教化部にお問い合わせください。
○海外は「北米練成道場」「ハワイ練成道場」「南米練成道場」等があります。

生長の家本部　〒150-8672　東京都渋谷区神宮前1-23-30　☎03-3401-0131　FAX03-3401-3596